COLEÇÃO FILOSOFIA VIVA

Idries Shah

as façanhas do incomparável Mulá Nasrudin

tradução
Fernanda Miguens

2ª edição

Tabla

SUMÁRIO

Mulá Nasrudin, Chefe dos Dervixes e Senhor de um tesouro oculto, um homem aperfeiçoado... Muitos dizem: "Eu quis aprender, mas aqui encontrei apenas loucura". No entanto, caso busquem a sabedoria profunda em outro lugar, pode ser que não a encontrem.

ABLAHI MUTLAQ, "O Perfeito Idiota", *Ensinamentos de Nasrudin*, manuscrito de Bokhara, ano 1617.

INTRODUÇÃO

Muitos países reivindicam Mulá Nasrudin como um nativo, embora poucos tenham ido tão longe quanto a Turquia ao exibir seu túmulo e realizar anualmente, em Eskishehir – suposto lugar do seu nascimento –, um Festival Nasrudin, no qual as pessoas se fantasiam e encenam as famosas anedotas.

Os gregos, que adotaram algumas coisas dos turcos, consideram os chistes de Nasrudin como parte do seu próprio folclore. Na Idade Média, as histórias de Nasrudin eram muito utilizadas para ridicularizar autoridades execráveis. Em épocas mais recentes, o Mulá se tornou um herói do povo da União Soviética quando um filme o retratou sobrepujando, repetidas vezes, os malvados governantes capitalistas do país.

Nasrudin se eclipsa na figura árabe de Joha, e reaparece no folclore da Sicília. Histórias atribuídas, na Ásia Central, ao corpus de Nasrudin foram adaptadas ao personagem russo Baldakiev, estão presentes no *Dom Quixote* e, até mesmo, no mais antigo livro francês, as *Fables*, de Marie de France.

O Mulá é descrito de várias formas: muito estúpido, incrivelmente inteligente, possuidor de segredos místicos. Os dervixes adotam o personagem, para ilustrar, em seus ensinamentos, as sandices características da mente humana. A resiliência de Nasrudin é tal que a Turquia republicana – onde as ordens dervixes foram suprimidas há quarenta anos – distribui folhetos sobre ele como parte da sua atividade turística.

Os eruditos gastaram muita tinta com Nasrudin, embora, tradicionalmente, ele não lhes dedicasse muito tempo. Como é relatado que o Mulá dissera: "Estou de cabeça para baixo nessa vida", alguns foram tão longe, que chegaram a inverter a suposta data da sua morte, numa tentativa de encontrar a verdade sobre a questão.

Os sufis, que acreditam que a intuição profunda é o único guia verdadeiro para o conhecimento, adotam essas histórias praticamente como exercícios. Eles pedem às pessoas que escolham algumas que particularmente lhes atraem e as revolvam na mente, apropriando-se delas. Os mestres instrutores dos dervixes dizem que dessa maneira pode-se avançar em direção a uma sabedoria superior.

Mas os sufis concordam com aqueles que não seguem uma via mística, ao dizerem que todos podem fazer com as histórias de Nasrudin aquilo que as pessoas vêm fazendo ao longo dos séculos: desfrutá-las.

IDRIES SHAH, 1966

AS FAÇANHAS DO INCOMPARÁVEL MULÁ NASRUDIN

A ALTERNATIVA

"Sou um homem hospitaleiro", declarou Nasrudin a um grupo de amigos na casa de chá.

"Muito bem, então leve-nos para jantar na sua casa", falou o mais guloso.

Nasrudin reuniu a turma toda e seguiu para casa.

Quando estavam quase chegando, ele disse: "Irei na frente e avisarei minha esposa. Vocês esperam aqui".

Ao receber a notícia, a esposa de Nasrudin lhe deu um safanão. "Não temos comida em casa. Mande-os embora."

"Não posso fazer isso. Minha reputação de homem hospitaleiro está em jogo."

"Pois bem, vá para o andar de cima e direi a eles que você não está."

Depois de quase uma hora, os convidados ficaram impacientes e se aglomeraram à porta, gritando: "Deixe-nos entrar, Nasrudin!".

A esposa do Mulá saiu e anunciou: "Nasrudin não está".

"Mas nós o vimos entrar em casa e estivemos o tempo todo de olho na porta."

Ela ficou em silêncio.

O Mulá, assistindo a tudo do andar de cima, não conseguiu se conter e, debruçando-se na janela, gritou: "Eu poderia ter saído pela porta de trás, não poderia?".

POR QUE ESTAMOS AQUI

Certa noite, caminhando por uma estrada deserta, o Mulá Nasrudin viu uma tropa de cavaleiros vindo na direção dele. Sua imaginação começou a trabalhar: viu-se capturado e vendido como escravo, ou recrutado à força para o exército.

Nasrudin saiu correndo, escalou o muro de um cemitério e se deitou numa sepultura aberta.

Perplexos com esse comportamento estranho, os homens – viajantes honestos – o seguiram.

Encontraram-no estirado, tenso e tremendo.

"O que está fazendo nesse túmulo? Vimos você sair em disparada. Podemos ajudá-lo?"

"Só porque você consegue formular uma pergunta não significa que exista uma resposta simples para ela", replicou o Mulá, que agora compreendera o que tinha acontecido. "Tudo depende do seu ponto de vista. No entanto, se querem mesmo saber: *eu* estou aqui por causa de *vocês* e *vocês* estão aqui por *minha* causa."

NUNCA SE SABE QUANDO PODE SER ÚTIL

Nasrudin às vezes levava pessoas para viajar no seu barco. Um dia, um pedagogo melindroso o contratou para atravessar um rio muito largo.

Assim que embarcaram, o erudito perguntou se a travessia seria turbulenta.

"*Num pergunta nada disso*", falou Nasrudin.

"Você nunca estudou gramática?", indagou o pedagogo.

"Não", respondeu o Mulá.

"Neste caso, metade da sua vida foi desperdiçada." O Mulá não disse nada.

Logo, desabou uma terrível tempestade. O barquinho frágil e descontrolado do Mulá começou a se encher de água.

Ele se virou para o companheiro e perguntou: "Você nunca aprendeu a nadar?".

"Não", respondeu o pedante.

"Neste caso, professor, TODA a sua vida está perdida, pois estamos afundando."

ENTENDE O QUE QUERO DIZER?

Nasrudin estava jogando punhados de migalhas em volta da casa.

"O que está fazendo?", alguém lhe perguntou.

"Mantendo os tigres afastados."

"Mas não existem tigres por essas bandas, Nasrudin."

"Exatamente", respondeu. "Eficaz, não?"

SE UMA PANELA PODE SE REPRODUZIR

Um dia, Nasrudin emprestou suas panelas para um vizinho que estava dando um banquete. O vizinho as devolveu e acrescentou mais uma – uma panela bem pequenininha.

"O que é isso?", perguntou Nasrudin.

"De acordo com a lei, estou lhe dando o filhote da sua propriedade, que nasceu enquanto as panelas estavam sob meus cuidados", respondeu o gaiato.

Pouco tempo depois, Nasrudin pegou emprestadas as panelas do vizinho, mas não as devolveu.

O homem apareceu para buscá-las.

"Ai!", exclamou Nasrudin. "Elas estão mortas. Nós estabelecemos que panelas são mortais, não foi?"

O CONTRABANDISTA

Nasrudin costumava atravessar a fronteira da Pérsia com a Grécia no lombo de um burro. Levava sempre dois cestos de palha e voltava caminhando sem eles. Todas as vezes os guardas o revistavam em busca de contrabando. Nunca encontraram nada.

"O que está transportando, Nasrudin?"

"Sou um contrabandista", ele respondia.

Anos mais tarde, aparentando cada vez mais prosperidade, Nasrudin se mudou para o Egito. Lá, um dos homens da alfândega o encontrou.

"Diga-me, Mulá, agora que você está fora da jurisdição da Pérsia e da Grécia, vivendo aqui em tamanho luxo, o que era que você contrabandeava e nunca conseguimos descobrir?"

"Burros."

COMO NASRUDIN CRIOU A VERDADE

"As leis, por si só, não tornam as pessoas melhores", disse Nasrudin ao rei. "Elas devem praticar certas coisas, para que possam estar em sintonia com a verdade interior. Esta forma de verdade se assemelha à verdade aparente apenas superficialmente."

O rei decidiu que poderia, e iria, fazer com que as pessoas observassem a verdade. Ele faria com que praticassem a sinceridade.

Entrava-se nessa cidade por uma ponte. Nessa ponte, o rei construiu uma forca. No dia seguinte, ao amanhecer, quando os portões foram abertos, lá estava o Capitão da Guarda a postos com o seu pelotão, pronto para inspecionar cada um que entrasse na cidade.

Uma proclamação foi feita: "Todos serão interrogados. Aquele que disser a verdade, poderá entrar. Aquele que mentir, será enforcado".

Nasrudin deu um passo à frente.

"Aonde vai?"

"Estou a caminho", respondeu Nasrudin, calmamente, "de ser enforcado."

"Não acreditamos em você!"

"Muito bem, se o que eu disse é mentira, enforquem-me!"

"Mas se o enforcarmos por mentir, transformaremos o que você disse em verdade."

"Exatamente. Agora vocês sabem o que a verdade é... a SUA verdade!"

O GATO E A CARNE

Nasrudin entregou à esposa um tanto de carne para cozinhar para os convidados. Quando a refeição foi servida, não havia carne. Ela havia comido.

"O gato comeu tudo, um quilo e meio de carne", disse a esposa.

Nasrudin pôs o gato na balança. Deu um quilo e meio.

"Se este é o gato", perguntou Nasrudin, "onde está a carne? Se, por outro lado, esta é a carne, onde está o gato?"

AQUI TEM MAIS LUZ

Alguém viu Nasrudin procurando alguma coisa no chão.

"O que você perdeu, Mulá?"

"Minha chave", ele respondeu. Então, os dois se ajoelharam e procuraram por ela.

Passado algum tempo, o outro homem perguntou: "Onde exatamente você a deixou cair?".

"Na minha própria casa."

"Então por que está procurando aqui?"

"Aqui tem mais luz do que dentro da minha própria casa."

O TOLO

Um filósofo, tendo agendado um debate com Nasrudin, foi até a casa dele e não o encontrou.

Furioso, pegou um pedaço de giz e escreveu na porta de Nasrudin: “Palerma Estúpido”.

Assim que chegou em casa e viu aquilo, Narsudin correu à casa do filósofo.

“Eu me esqueci que você viria e peço desculpas por não estar em casa. Lembrei, é claro, do nosso compromisso assim que vi que você tinha deixado seu nome na porta.”

COZINHANDO COM VELAS

Nasrudin apostou que poderia passar uma noite numa montanha próxima e sobreviver, apesar do gelo e da neve. Vários apostadores na casa de chá concordaram em arbitrar.

Nasrudin pegou um livro e uma vela, e atravessou a noite mais fria que já tinha visto. Pela manhã, quase morto, reclamou seu dinheiro.

"Você não tinha mesmo nada para aquecê-lo?", perguntaram os aldeões.

"Nada."

"Nem mesmo uma vela?"

"Sim, eu tinha uma vela."

"Então a aposta está cancelada."

Narsudin não discutiu.

Alguns meses depois, convidou as mesmas pessoas para um banquete na sua casa. Elas se sentaram na sala de estar, esperando pela comida. Horas se passaram.

Então, elas começaram a resmungar sobre a comida.

"Vamos até a cozinha ver como andam as coisas", disse Nasrudin.

Todos marcharam até a cozinha. Lá, encontraram uma panela enorme com água, sob a qual queimava uma vela. A água não estava nem mesmo morna.

"Ainda não está pronto", comentou o Mulá. "Não sei por que... está aí desde ontem."

O PERIGO NÃO TEM FAVORITOS

Uma senhora levou o filho pequeno à escola do Mulá.

"Ele se comporta muito mal", explicou, "e quero que o amedronte."

O Mulá adotou uma postura ameaçadora, os olhos flamejantes e a cara retorcida.

Ele saltou de um lado para o outro e, de repente, saiu correndo do edifício. A mulher desmaiou. Quando recobrou os sentidos, ela esperou pelo Mulá, que retornou lenta e solenemente.

"Pedi que assustasse o garoto, não que me assustasse!"

"Prezada senhora", replicou o Mulá, "não viu quanto medo eu também tive de mim mesmo? Quando o perigo ameaça, ameaça igualmente a todos."

SAL NÃO É LÃ

Um dia, o Mulá levava um burro carregado de sal para o mercado e atravessou um riacho com o asno. O sal se dissolveu.

O Mulá ficou furioso com a perda da carga. O burro ficou saltitante de alívio.

Numa outra vez em que passou pelo mesmo caminho, o Mulá transportava uma carga de lã. Depois que o animal atravessou o riacho, a lã ficou completamente ensopada e muito pesada. O burro cambaleava sob a carga encharcada.

"Ah!", gritou o Mulá para o burro. "Você pensou que sairia mais leve *toda* vez que passasse pela água, não pensou?"

BOAS AÇÕES PODEM SER ACIDENTAIS?

O burro de Nasrudin correu até uma lagoa para beber água. As bordas eram muito íngremes e o animal estava prestes a perder o equilíbrio e cair, quando os sapos na água começaram a coaxar muito alto.

Isso assustou tanto o asno que ele empinou e, assim, foi capaz de se salvar. Nasrudin atirou um punhado de moedas na água, exclamando: "Sapos, vocês fizeram uma boa ação. Isso é para celebrarem!".

O ELEMENTO INSUSPEITO

Dois homens discutiam embaixo da janela de Nasrudin no meio da madrugada. Ele se levantou, enrolou-se em seu único cobertor e foi correndo até lá fora para ver se conseguia acabar com o barulho.

Quando tentou argumentar com os bêbados, um deles agarrou o cobertor e os dois saíram em disparada.

"Sobre o que estavam discutindo?", perguntou a esposa de Nasrudin quando ele entrou em casa.

"Devia ser sobre o cobertor. Quando o pegaram, a briga terminou."

OS LADRÕES

Ao ouvir alguém se movimentando dentro de casa, o Mulá ficou com medo e se escondeu no armário.

Vasculhando tudo, os dois ladrões abriram a porta do armário e o encontraram encolhido ali.

"Por que está se escondendo de nós?", perguntou um deles.

"Estou me escondendo de vergonha por não haver nada nesta casa que mereça a atenção de vocês."

QUESTÃO DE ALIMENTAÇÃO E QUESTÃO DE LEITURA

Nasrudin estava levando para casa um pouco de fígado que tinha acabado de comprar. Na outra mão, carregava uma receita de torta de fígado que um amigo lhe dera.

De repente, um abutre deu um rasante e levou o fígado embora.

"Seu tolo!", gritou Nasrudin. "Você pode até ter levado a carne, mas a receita ainda está comigo!"

AVENTURAS NO DESERTO

"Um dia, quando estava no deserto", contou Nasrudin, "botei para correr uma tribo inteira de beduínos horríveis e sanguinários."

"Como?"

"Fácil. Simplesmente corri, e eles correram atrás de mim."

AS CIRCUNSTÂNCIAS ALTERAM OS CASOS

Chovia a cântaros. Aga Akil, o homem mais beato da cidade, corria para se abrigar. “Como ousa fugir da dádiva de Deus, do líquido do Paraíso?”, vociferou para ele Nasrudin. “Como homem devoto, você deveria saber que a chuva é uma bênção para toda a criação.”

O Aga ficou preocupado em manter sua reputação. “Não havia pensado na chuva dessa forma”, murmurou; e, diminuindo o passo, chegou em casa ensopado. É claro que pegou um resfriado.

Pouco tempo depois, ele estava na janela enrolado em cobertores quando avistou Nasrudin correndo da chuva a toda velocidade, e o desafiou: “Por que está fugindo das bênçãos divinas, Nasrudin? Como ousa recusar a bênção que há na chuva?”.

“Ah”, respondeu Nasrudin, “parece que você não entende que não quero maculá-la com meus pés.”

A COMIDA DO MANTO

Nasrudin ouviu dizer que um banquete estava sendo oferecido numa cidade próxima e todos estavam convidados. Ele foi até lá o mais rápido que pôde. Quando o mestre de cerimônias viu Nasrudin usando um manto esfarrapado, acomodou-o no lugar mais discreto, longe da maravilhosa mesa onde as pessoas mais importantes eram servidas com todas as honras.

Nasrudin viu que levaria pelo menos uma hora para que os garçons chegassem até o lugar onde estava sentado. Então, levantou-se e foi para casa.

Chegando lá, vestiu-se com um manto e um turbante de zibelina magníficos, e retornou ao banquete. Assim que os arautos do emir, seu anfitrião, viram aquela esplêndida figura, começaram a rufar os tambores de boas-vindas e a soar os trompetes de uma maneira condizente com um visitante de alto nível.

O mordomo em pessoa saiu do palácio e conduziu o magnífico Nasrudin a um lugar quase ao lado do emir. Um prato maravilhoso foi imediatamente colocado à sua frente. Sem hesitar, Nasrudin começou a esfregar punhados de comida no manto e no turbante.

"Vossa Eminência", disse o príncipe, "estou curioso quanto a seus hábitos alimentares, que são, para mim, uma novidade."

"Nada de especial", explicou Nasrudin. "O manto me trouxe até aqui, trouxe-me a comida. Certamente ele merece a sua parte."

O SERMÃO DE NASRUDIN

Um dia, os aldeões pensaram que pregariam uma peça em Nasrudin. Como tinha a reputação de ser um homem santo, de alguma espécie pouco definida, foram até ele e lhe pediram que pregasse um sermão na mesquita. Ele concordou.

Chegado o dia, Nasrudin subiu no púlpito e falou: "Ó povo! Vocês sabem o que vou lhes dizer?".

"Não, não sabemos", gritaram.

"Até que saibam, não poderei dizer. Vocês são ignorantes demais", esbravejou o Mulá, tomado de indignação por essas pessoas tão ignaras desperdiçarem seu tempo. Ele desceu do púlpito e foi para casa.

Um tanto constrangida, uma delegação foi novamente até a casa de Nasrudin e lhe pediu que pregasse na sexta-feira seguinte, o dia da oração.

Nasrudin começou o sermão com a mesma pergunta de antes. Dessa vez, a congregação respondeu em uníssono: "Sim, nós sabemos".

"Nesse caso", disse o Mulá, "não é necessário que eu os detenha aqui por mais tempo. Podem ir." E voltou para casa.

Tendo sido convencido a pregar pela terceira sexta-feira consecutiva, ele começou o discurso como antes: "Vocês sabem ou não sabem?".

A congregação estava preparada. "Alguns de nós sabem, outros, não."

"Excelente!", exclamou Nasrudin. "Então, que aqueles que sabem transmitam seu conhecimento àqueles que não sabem."

E foi para casa.

SUA EXCELÊNCIA

Por uma série de mal-entendidos e coincidências, Nasrudin se viu, certo dia, na sala de audiências do imperador da Pérsia.

O Shahinshah estava rodeado de nobres egocêntricos, governadores de província, cortesãos e conspiradores de todos os tipos. Cada um reivindicava para si a nomeação como chefe da embaixada que logo partiria para a Índia.

A paciência do imperador estava chegando ao fim, e ele levantou a cabeça acima da massa que o importunava, invocando mentalmente a ajuda dos Céus para fazer a sua escolha. Seus olhos toparam com Mulá Nasrudin.

"Esse será o embaixador", anunciou. "E agora, deixem-me em paz."

Deram a Nasrudin ricos trajes; e um enorme baú com rubis, diamantes, esmeraldas e obras de arte sem preço lhe foi confiado: presente do Shahinshah para o Grão-Mogol.

Os cortesãos, entretanto, não se deram por vencidos. Unidos por essa afronta às suas reivindicações, decidiram tramar a queda do Mulá. Primeiro, invadiram seu alojamento e roubaram as joias, que dividiram entre si, substituindo-as por terra para dar peso. Então, convocaram Nasrudin, determinados a arruinar sua embaixada, a encrencá-lo e, de quebra, desacreditar também seu amo e senhor.

"Parabéns, grande Nasrudin", disseram eles. "O que a Fonte da Sabedoria, o Pavão do Mundo, ordenou é certamente a essência de toda a sabedoria. Portanto, nós o saudamos. Mas há dois pontos sobre os quais podemos aconselhá-lo, pois sabemos como devem se comportar os emissários diplomáticos."

"Ficarei agradecido se me disserem", falou Nasrudin.

"Muito bem", continuou o chefe dos conspiradores, "em primeiro lugar, você deve ser humilde. Assim, para mostrar quão modesto você é, não deve exibir nenhum sinal de importância. Quando chegar à Índia, você entrará em tantas mesquitas quanto puder e arrecadará dinheiro para si mesmo. Em segundo lugar, você deve observar a etiqueta da corte do país ao qual foi enviado. Isso significa que irá se referir ao Grão-Mogol como 'a Lua Cheia'."

"Mas esse não é um título do imperador persa?"

"Não na Índia."

Assim, Nasrudin partiu. Quando se despediram, o imperador da Pérsia lhe disse: "Tenha cuidado, Nasrudin. Mantenha-se fiel à etiqueta, pois o Mogol é um imperador poderoso e temos que impressioná-lo, mas sem, de forma alguma, afrontá-lo".

"Estou bem preparado, Majestade", respondeu Nasrudin.

Tão logo adentrou no território indiano, Nasrudin foi até uma mesquita, subiu no púlpito e bradou: "Ó povo! Vejam em mim o representante da Sombra de Allah sobre a terra! O Eixo do Globo! Tirem o dinheiro do bolso, pois estou fazendo uma coleta".

Ele repetiu isso em cada mesquita que encontrou por todo o caminho desde o Baluchistão até a Délhi imperial.

Nasrudin arrecadou uma grande quantia em dinheiro. "Faça o que quiser com o dinheiro", os conselheiros lhe haviam dito, "pois é fruto do crescimento intuitivo e da doação, e como tal seu uso criará sua própria demanda." Tudo o que eles queriam que acontecesse era que o Mulá fosse exposto ao ridículo por arrecadar dinheiro dessa maneira "sem-vergonha".

"O santo deve viver da sua santidade", urrou Nasrudin de mesquita em mesquita. "Não devo e não espero nenhuma satisfação. Para vocês, o dinheiro é algo a ser acumulado depois de ser obtido. Vocês podem trocá-lo por coisas materiais. Para mim, é parte de um mecanismo. Sou o representante de uma força natural de crescimento intuitivo, doação e desembolso."

Agora, como sabemos, o bem muitas vezes decorre de um mal aparente, e vice-versa. Aqueles que pensaram que Nasrudin estava forrando o próprio bolso não contribuíram. Por alguma razão, seus negócios não prosperaram. Aqueles tidos como crédulos e que deram dinheiro, enriqueceram de maneira misteriosa. Mas voltemos à nossa história.

Sentado no Trono do Pavão, em Délhi, o imperador analisava os relatórios diários trazidos pelos mensageiros, descrevendo o progresso do embaixador persa. A princípio, ele não conseguia encontrar sentido neles. Então, reuniu o conselho.

"Cavalheiros", disse, "esse Nasrudin deve ser, de fato, um santo ou um dos divinamente guiados. Quem já ouviu falar de mais alguém violando o princípio de que não se deve tentar obter dinheiro sem uma razão plausível, para que seus motivos não sejam interpretados erroneamente?"

"Que sua sombra jamais diminua", eles replicaram. "Ó Infinita Extensão de Toda a Sabedoria, concordamos. Se há homens assim na Pérsia, devemos ter cuidado, pois sua ascendência moral sobre nossa perspectiva materialista é evidente."

Então, um mensageiro chegou da Pérsia com uma carta secreta na qual os espiões do Mogol na corte imperial reportavam: "Mulá Nasrudin é um homem sem importância na Pérsia. Foi escolhido completamente ao acaso para ser embaixador. Não podemos compreender a razão para o Shahinshah não ser mais seletivo".

O Mogol reuniu o conselho e disse: "Incomparáveis Pássaros do Paraíso! Um pensamento se manifestou para mim. O imperador da Pérsia escolheu um homem ao acaso para representar toda a nação. Isso pode significar que é tão confiante da qualidade uniforme do seu povo que, para ele, QUALQUER UM ESTÁ QUALIFICADO PARA EMPREENDER A DELICADA TAREFA DE EMBAIXADOR NA SUBLIME CORTE DE DÉLHI! Isso mostra o grau de perfeição que alcançaram, os impressionantes e infalíveis poderes intuitivos que cultivam. Devemos reconsiderar nosso desejo de invadir a Pérsia, pois um povo assim poderia facilmente subjugar nossos exércitos. A sociedade deles está organizada sobre bases diferentes das nossas".

"O senhor está certo, Guerreiro Maior das Fronteiras!", bradaram os nobres indianos.

Por fim, Nasrudin chegou à cidade de Délhi. Montava seu velho burro e era seguido por sua escolta, sobrecarregada por conta dos sacos de dinheiro que ele havia coletado nas mesquitas. A arca do tesouro estava postada sobre um elefante, de tão grande e pesada que era.

Nasrudin foi recebido pelo mestre de cerimônias no portão de Délhi. O imperador estava sentado com seus nobres em um imenso pátio, a Sala de Recepção dos Embaixadores. Ela fora planejada de maneira que a entrada era baixa. Como consequência, os embaixadores eram sempre obrigados a desmontar dos seus cavalos e chegar à Suprema Presença a pé, dando a impressão de suplicantes. Apenas um igual poderia cavalgar até a presença de um imperador.

Nunca nenhum embaixador havia chegado montado num burro, e portanto não havia nada que impedisse Nasrudin de trotar diretamente pela porta até o Pódio Imperial.

O rei indiano e seus cortesãos trocaram olhares significativos diante desse ato.

Nasrudin desmontou alegremente, referiu-se ao rei como "a Lua Cheia" e pediu que o baú com o tesouro fosse trazido.

Quando a tampa foi aberta, e a terra revelada, houve um momento de consternação.

"É melhor não dizer nada", pensou Nasrudin, "pois não há nada a dizer que possa atenuar a situação." Então, permaneceu em silêncio.

O Mogol sussurrou para seu vizir: "O que isto significa? É um insulto à Suprema Eminência?".

Incapaz de acreditar nisso, o vizir refletiu desesperadamente. Então, providenciou uma interpretação.

"É um ato simbólico, Presença", murmurou. "O Embaixador quer dizer que *o* reconhece como o Senhor da Terra. Ele não o chamou de 'a Lua Cheia'?"

O Mogol relaxou. "Estamos satisfeitos com a oferenda do Shahinshah persa, pois não carecemos de riquezas e apreciamos a sutileza metafísica da mensagem."

"Fui instruído a dizer", falou Nasrudin, lembrando-se da "frase essencial ao se dar presentes", que fora ensinada pelos conspiradores na Pérsia, "que isso é tudo o que temos para Vossa Majestade."

"Isso significa que a Pérsia não vai nos ceder nem mais um palmo do seu solo", sussurrou para o rei o intérprete de presságios.

"Diga a seu senhor que entendemos", replicou sorrindo o Mogol. "Mas há outro ponto: se sou a Lua Cheia, o que é o imperador persa?"

"Ele é a Lua Nova", respondeu Nasrudin, automaticamente.

"A Lua Cheia é mais madura e dá mais luz que a Lua Nova, mais jovem que ela", sussurrou o astrólogo da corte para o Mogol.

"Estamos satisfeitos", disse o indiano, encantado. "Você pode voltar para a Pérsia e dizer para a Lua Nova que a Lua Cheia a saúda."

Os espiões persas na corte de Délhi imediatamente enviaram um relatório completo desse encontro para o Shahinshah. Eles acrescentaram que era notório que o imperador Mogol ficara impressionado e temeroso de planejar uma guerra contra os persas por causa da atuação de Nasrudin.

Quando o Mulá retornou, o Shahinshah o recebeu em uma audiência lotada. "Estou mais do que satisfeito, amigo Nasrudin, com os resultados dos seus métodos pouco ortodoxos", disse o imperador. “Nosso país está a salvo, e isso significa que não haverá necessidade alguma de prestar contas das joias ou da coleta nas mesquitas. De hoje em diante, você será conhecido pelo título especial de Safir, Emissário.”

“Mas, Vossa Majestade”, sibilou o vizir, “esse homem é culpado de alta traição, ou pior! Temos provas de que atribuiu ao imperador da Índia um de vossos títulos, mostrando, portanto, lealdade a ele e trazendo desonra a um de vossos magníficos atributos.”

“Sim”, esbravejou o Shahinshah, “os sábios disseram que ‘para cada perfeição há uma imperfeição’. Nasrudin! Por que me chamou de Lua Nova?”

“Não conheço o protocolo”, respondeu Nasrudin, “mas sei que a Lua Cheia está prestes a minguar e a Lua Nova ainda está crescendo, tendo à sua frente as maiores glórias.”

O estado de espírito do imperador mudou. “Prendam Anwar, o grão-vizir!”, ordenou. “Mulá, eu lhe ofereço o posto de grão-vizir!”

“O quê?”, exclamou Nasrudin. “Como eu poderia aceitar o cargo após ver com meus próprios olhos o que aconteceu ao meu predecessor?”

E o que aconteceu às joias e aos tesouros que os perversos cortesãos usurparam da arca do tesouro? Essa é uma outra história. Como disse o incomparável Nasrudin: “Apenas as crianças e os estúpidos buscam causa e efeito na mesma história”.

NASRUDIN E OS SÁBIOS

Filósofos, lógicos e doutores em direito reuniram-se na corte para interrogar Nasrudin. Era um caso sério, pois ele admitira ter ido de aldeia em aldeia dizendo: "Os pretensos sábios são ignorantes, irresolutos e confusos". Ele foi acusado de debilitar a segurança do Estado.

"Você pode falar primeiro", disse o rei a Nasrudin.

"Que papéis e penas sejam trazidos", ordenou o Mulá. Papéis e penas foram trazidos.

"Que esse material seja distribuído para cada um dos primeiros sete eruditos." O material foi distribuído.

"Que cada um, separadamente, escreva uma resposta para a pergunta: 'O que é pão?'"

Assim foi feito.

Os papéis foram entregues ao rei, que os leu em voz alta.

O primeiro dizia: "Pão é um alimento".

O segundo: "Farinha e água".

O terceiro: "Uma dádiva de Deus".

O quarto: "Massa assada".

O quinto: "Mutável, de acordo com o que se quer dizer com 'pão'".

O sexto: "Uma substância nutritiva".

O sétimo: "Ninguém realmente sabe".

"Quando eles decidirem o que é pão", disse Nasrudin, "poderão decidir outras coisas, como, por exemplo, se estou certo ou errado. É possível confiar questões de avaliação e julgamento a tais pessoas? Não é estranho que não consigam concordar a respeito de algo que comem todos os dias, porém sejam unânimes quanto a eu ser um herege?"

JULGAMENTO

Quando o Mulá era juiz na aldeia, uma figura desgrenhada adentrou o tribunal clamando por justiça.

"Fui atacado e roubado bem na saída desta aldeia!", gritou. "Deve ter sido alguém daqui. Exijo que encontre o culpado. Ele pegou meu manto, minha espada e até minhas botas."

"Vejamos", refletiu o Mulá, "ele não levou a camisa, que, como posso ver, você ainda está usando..."

"Não, não levou."

"Sendo assim, ele não era dessa aldeia. Aqui as coisas são feitas meticulosamente. Não posso investigar seu caso."

PRIMEIRO AS PRIMEIRAS COISAS

Para o sufi, talvez o maior absurdo na vida seja a maneira como as pessoas anseiam pelas coisas – como o conhecimento, por exemplo – sem o equipamento básico para adquiri-las. Elas supõem que só precisam de "dois olhos, um nariz e uma boca", como diz Nasrudin.

No sufismo, uma pessoa não pode aprender até que esteja num estado em que possa perceber o que está aprendendo, e o que significa.

Um dia, Nasrudin foi até um poço a fim de ensinar esse ponto a um discípulo que queria conhecer "a verdade". Nasrudin levou consigo o discípulo e um cântaro.

O Mulá puxou um balde de água e o derramou no cântaro. Então, puxou um outro balde e o derramou novamente. Quando estava entornando o terceiro balde, o discípulo não se conteve mais e disse: "Mulá, a água está escoando. Esse cântaro não tem fundo".

Nasrudin olhou para ele indignado. "Estou tentando *encher* o cântaro. Para ver quando estará cheio, meus olhos estão fixos no *gargalo*, não no *fundo*. Quando eu vir a água subir até o gargalo, o cântaro estará cheio. O que o fundo tem a ver com isso? Somente quando eu estiver interessado no fundo do cântaro é que olharei para ele."

É por isso que os sufis não falam sobre coisas profundas com pessoas que não estão preparadas para cultivar o poder do aprendizado; algo que só pode ser ensinado por um mestre a alguém que seja suficientemente esclarecido a ponto de dizer: "Ensine-me a aprender".

Há um ditado sufi: "Ignorância é orgulho e orgulho é ignorância. O homem que diz ‘não tenho de ser ensinado a aprender’ é orgulhoso e ignorante”. Nesta história, Nasrudin ilustra a identidade desses dois estados, que o ser humano comum considera como duas coisas diferentes.

De acordo com a técnica conhecida como “opróbrio”, Nasrudin estava desempenhando o papel do homem ignorante na sua charada do cântaro. Esse é um papel bem conhecido na técnica sufi.

O discípulo ponderou sobre a lição, relacionando-a a outras ações absurdas do Mulá. Uma semana depois, ele foi até Nasrudin e pediu: “Ensine-me sobre o cântaro. Agora estou pronto para aprender”.

QUEM DISPAROU?

A feira estava em plena agitação, e o discípulo mais antigo de Narsudin lhe perguntou se seria permitido a ele e a seus companheiros visitá-la.

"Certamente", disse Nasrudin, "pois essa é uma oportunidade ideal de prosseguir com o ensinamento prático."

O Mulá se encaminhou diretamente para a barraca de tiro ao alvo, uma das maiores atrações, pois grandes prêmios eram oferecidos para quem acertasse bem na mosca.

Com o aparecimento do Mulá e seu rebanho, os moradores da cidade se aglomeraram. Quando Nasrudin pegou um arco e três flechas, a tensão aumentou. Aqui, certamente, ficaria demonstrado que Nasrudin, às vezes, se excedia...

"Estudem-me com atenção." O Mulá flexionou o arco, empurrou o gorro para trás da cabeça como um soldado, mirou cautelosamente e atirou. A flecha passou muito longe do alvo.

Houve um alarido de escárnio da multidão, e os pupilos de Nasrudin se agitaram apreensivos, sussurando uns para os outros. O Mulá se virou e os encarou. "Silêncio! Essa foi uma demonstração de como o soldado atira. Ele, muitas vezes, passa longe do alvo. É por isso que perde guerras. No momento que atirei, eu estava identificado com um soldado. Disse a mim mesmo: 'Sou um soldado, atirando no inimigo'."

Ele apanhou a segunda flecha, deslizou-a para dentro do arco e puxou a corda. A flecha caiu a meio caminho do alvo. Houve um silêncio mortal.

"Agora", disse Nasrudin para sua trupe, "vocês assistiram ao disparo de um homem que estava ansioso demais para atirar e que, além disso, tendo falhado na sua primeira tentativa, estava nervoso demais para se concentrar. A flecha não chegou."

Até mesmo o dono da barraca estava fascinado com as explicações. O Mulá se virou despreocupadamente para o alvo, mirou e deixou sua flecha voar. Ele acertou bem na mosca.

Com vagar proposital, ele inspecionou os prêmios, escolheu o que mais gostou e começou a se retirar. Irrompeu uma algazarra.

"Silêncio!", gritou Nasrudin. "Que um de vocês me pergunte o que todos querem saber."

Por um momento ninguém falou. Então, um caipira avançou arrastando os pés e disse: "Queremos saber qual de vocês disparou a terceira flecha".

"Aquela? Ah, aquela fui *eu*."

A BOLSA MÁGICA

Um camelô, planejando montar sua barraca na praça do mercado, viu Nasrudin vindo em sua direção, contando um punhado de moedas. Ele o deteve imediatamente. Com alguma sorte, conseguiria aplicar um golpe.

"Você me parece um homem com uma percepção excepcional", disse a Nasrudin. "Gostaria de um embornal mágico?"

"O que ele pode fazer?"

"Apenas observe."

O ilusionista colocou a mão na bolsa e retirou primeiro um coelho, depois uma bola e, finalmente, uma planta que crescia num vaso. Nasrudin rapidamente lhe deu o dinheiro que levava.

"Só uma coisa", advertiu o ilusionista, tentando ganhar tempo para seguir caminho, "não a irrite. Essas bolsas são temperamentais. E não conte nada às pessoas sobre isso. No fim, tudo vai dar certo."

Nasrudin tinha planejado passar o resto da tarde na casa de chá, mas agora estava tão entusiasmado que seguiu direto para casa com a bolsa nas mãos. Aos poucos, foi ficando muito quente, e ele ficou cansado e com sede.

O Mulá se sentou na beira da estrada. "Bolsa mágica", ordenou, "dê-me um copo d'água."

Ele colocou a mão dentro da bolsa, mas estava vazia.

"Ah", pensou Nasrudin, "talvez esteja apenas dando coelhos, bolas e plantas porque é temperamental." Ele achou que não faria mal algum testá-la.

"Certo, então, dê-me um coelho."

Nenhum coelho apareceu.

"Não fique irritada comigo, eu simplesmente não entendo de bolsas mágicas." Quando seu burro ficou irritado, lembrou Nasrudin, ele lhe comprou um embornal. Então, voltou à cidade montado no burro e comprou um burro para o novo embornal. "O que está fazendo com dois burros?", alguém exclamou.

"Você não está entendendo", replicou o Mulá. "Não são dois burros. É um burro com seu embornal, e um embornal com seu burro."

MEDO

Nasrudin caminhava por uma estrada deserta numa noite enluarada, quando ouviu um ronco que parecia vir de algum lugar sob seus pés. De repente, ficou com medo e estava prestes a correr quando tropeçou num dervixe que estava deitado, parcialmente encoberto, numa vala que cavara para si mesmo.

"Quem é você?", balbuciou o Mulá.

"Sou um dervixe e este é meu lugar de contemplação."

"Vai ter que me deixar compartilhá-lo com você. Seu ronco me aterrorizou, a ponto de eu perder o juízo, e não posso seguir adiante esta noite."

"Pegue a outra ponta desse cobertor, então", disse o dervixe, sem entusiasmo, "e deite-se aqui. Por favor, fique quieto, pois estou em vigília. É parte de uma complicada série de exercícios. Amanhã, tenho de mudar o padrão e não vou tolerar interrupções."

Nasrudin adormeceu por um tempo. Depois, acordou com muita sede.

"Estou com sede", disse ao dervixe.

"Volte pela estrada, onde há um riacho."

"Não, ainda estou com medo."

"Farei isso para você, então," disse o dervixe. Afinal de contas, prover água é uma obrigação sagrada no Oriente.

"Não, não vá. Terei medo de ficar sozinho."

"Pegue esta faca para se defender", disse o dervixe.

Enquanto o outro estava fora, Nasrudin se assustou ainda mais, suando em bicas de pura ansiedade, que tentou dissipar imaginando como atacaria qualquer demônio que o ameaçasse.

Nesse instante o dervixe voltou.

"Mantenha distância ou vou matá-lo!", ameaçou Nasrudin.

"Mas sou o dervixe", respondeu.

"Não me importa quem seja. Você pode ser um demônio disfarçado. Além do mais, você tem a cabeça e as sobrancelhas raspadas!" Os dervixes daquela Ordem raspam a cabeça e as sobrancelhas.

"Mas eu vim lhe trazer água! Você está com sede! Não se lembra?"

"Não tente me agradar, Demônio!"

"Mas essa vala que você está ocupando é minha!"

"Que azar o seu, não? Vai ter que encontrar outro lugar."

"Acho que sim", respondeu o dervixe, "mas estou certo de que não sei como elaborar tudo isso."

"Uma coisa eu posso lhe dizer", falou Nasrudin, "o medo é multidirecional."

"Ele certamente parece ser mais forte que a sede, a sanidade, ou a propriedade de outras pessoas", replicou o dervixe.

"E não é preciso que você mesmo o sinta para sofrer com ele!", concluiu Nasrudin.

O MANTO

Jalal, um velho amigo de Nasrudin, visitou-o certo dia. O Mulá lhe disse: "Estou encantado em vê-lo depois de tanto tempo. Entretanto, estava prestes a iniciar uma série de visitas. Venha, acompanhe-me, e poderemos conversar".

"Empreste-me um manto decente", pediu Jalal, "pois, como pode ver, não estou vestido adequadamente para visitas." Nasrudin lhe emprestou um manto muito bonito.

Na primeira casa, Nasrudin apresentou seu amigo. "Esse é meu velho companheiro, Jalal, mas o manto que está vestindo é meu!"

A caminho da aldeia vizinha, Jalal comentou: "Que coisa realmente estúpida de se dizer, 'o manto é meu'! Não faça mais isso". Nasrudin prometeu que não faria.

Quando estavam sentados confortavelmente, na visita seguinte, Nasrudin disse: "Esse é Jalal, um velho amigo que veio me visitar. Mas o manto... o manto é *dele*!".

Quando partiram, Jalal estava tão irritado quanto da vez anterior. "Por que disse aquilo? Está louco?"

"Só quis compensar. Agora estamos quites", respondeu Nasrudin.

"Se não se importa", disse Jalal, lenta e cautelosamente, "não devemos mais falar sobre o manto." E Nasrudin prometeu que não falaria.

No terceiro e último lugar de visitação, Nasrudin disse: "Deixe-me apresentar Jalal, meu amigo. E o manto, o manto que está vestindo... Mas não devemos falar nada sobre o manto, não é mesmo?".

SALVOU A VIDA DELE

Nasrudin, quando estava na Índia, passou perto de uma construção de aparência estranha, à entrada da qual estava sentado um eremita. Tinha um ar de abstração e calma, e Nasrudin pensou em fazer algum tipo de contato com ele. "Certamente", pensou, "um filósofo devoto como eu deve ter alguma coisa em comum com esse indivíduo virtuoso."

"Sou um iogue", disse o anacoreta, em resposta ao Mulá, "e me dedico ao serviço de todas as coisas vivas, especialmente dos pássaros e dos peixes."

"Por favor, permita que me junte a você", disse Nasrudin, "pois, como suspeitara, temos algo em comum. Seus sentimentos muito me cativam porque, certa vez, um peixe salvou minha vida."

"Que coisa extraordinária!", exclamou o iogue. "Ficarei encantado em admiti-lo em nosso círculo. Em todos esses anos de devoção à causa dos animais, nunca tive o privilégio de estabelecer comunhão tão íntima com eles quanto você. Salvou sua vida! Isso confirma plenamente nossa doutrina de que todo o reino animal está interligado."

Assim, Nasrudin se sentou com o iogue por algumas semanas contemplando o próprio umbigo e aprendendo diversas ginásticas curiosas.

Finalmente, o iogue pediu a Nasrudin: "Caso se sinta capaz, agora que nos conhecemos melhor, de me comunicar sua experiência suprema com o peixe salva-vida, ficarei mais do que honrado".

"Não tenho tanta certeza disso", respondeu o Mulá, "agora que conheço melhor suas ideias." Mas o iogue o pressionou, com lágrimas nos olhos, chamando-o de "mestre" e esfregando a testa no chão diante dele.

"Muito bem, se insiste", assentiu Nasrudin. "Embora eu não esteja muito seguro de que você esteja pronto – usando sua maneira de falar – para a revelação que tenho a fazer. O peixe certamente salvou minha vida. Eu estava à beira da inanição quando o pesquei. Ele me forneceu alimento por três dias."

QUATRO PATAS

"Que o alimento dos quadrúpedes seja trazido", bradou um nobre afetado e soberbo, ao desmontar do cavalo no pátio de Nasrudin, "e que eu seja conduzido a aposentos confortáveis onde possa me regalar com uma refeição adequada."

Era difícil rejeitar os membros da corte do sultão, e Nasrudin correu para cumprir as ordens.

Quando o intruso estava acomodado no melhor sofá, bebericando o café de Nasrudin, o Mulá trouxe o *kazi* (magistrado) para conhecê-lo.

"Ó grande nobre", perguntou Nasrudin, "você tem terras?"

"Um milhão de jaribes."

"E usa quadrúpedes para arar?"

"Sim, certamente."

"Compraria de mim duas dúzias de quadrúpedes por cinco peças de prata cada um?"

O aristocrata sabia que animais para a aragem valiam cem peças de prata. Ele avidamente concordou.

Nasrudin saiu e comprou vinte e quatro coelhos por uma peça de prata cada. Ele apresentou os quadrúpedes para o nobre.

O nobre recorreu ao *kazi*.

"Devemos cumprir a lei ao pé da letra", disse o erudito, "e eu confirmo a alegação de que coelhos têm quatro patas."

PERGUNTAS E RESPOSTAS

Havia uma grande inquietação no país e o rei enviou uma "delegação cultural" pelas aldeias para tranquilizar a população. Em todos os lugares aonde iam, as pessoas ficavam muito impressionadas, pois a delegação reunia um conjunto imenso de conhecimentos e especializações.

Um era escritor, outro sacerdote, um terceiro era membro da família real. Havia um advogado, um soldado e um mercador, além de muitos outros. Em cada aldeia que paravam, convocavam uma assembleia no espaço aberto mais próximo, e as pessoas se reuniam e faziam perguntas.

Quando chegaram à vila de Nasrudin, uma multidão liderada pelo prefeito lhes deu as boas-vindas. Perguntas foram feitas e respondidas, e todos eram influenciados, em algum nível, pelo refinamento e pela importância da delegação.

Nasrudin chegou atrasado, mas, por ser uma celebridade local, foi empurrado para frente. "O que estão fazendo aqui?", perguntou.

O presidente da mesa sorriu compassivamente. "Somos um grupo de especialistas e estamos aqui para responder a todas as perguntas que as pessoas não podem responder por si mesmas. E quem é você?"

"Ah, eu?", respondeu Nasrudin de improviso. "É melhor que eu esteja aí na plataforma." Ele subiu e ficou ao lado dos dignitários. "Vejam, estou aqui para responder às perguntas para as quais *vocês* não têm respostas. Que tal começarmos com algumas das coisas que desconcertam *vocês*, doutos cavalheiros?"

O SIGNO[1]

Nasrudin alegou conhecer as estrelas.

"Sob que signo você nasceu, Mulá?"

"Propriedade Privada – Afaste-se!"

"Não, não, o signo do zodíaco."

"Ah, entendi. O signo do burro."

"Signo do burro? Não me lembro desse."

"Bem, você é mais velho do que eu. Desde a sua época, alguns signos novos surgiram."

---

1 "The Sign", no original. A palavra sign em inglês pode significar tanto signo zodiacal quanto tabuleta ou placa. (N. do T.)

TUDO CULPA DELA

Nasrudin tentava colocar um novilho no curral, mas ele se recusava a entrar. Então, foi até a mãe do animal e começou a repreendê-la.

"Por que você está gritando com essa vaca?", alguém perguntou.

"É tudo culpa dela", respondeu Nasrudin, "pois deveria tê-lo ensinado melhor."

OS HÁBITOS DOS ESTRANGEIROS

Nasrudin invadiu um pomar e começou a colher damascos. De repente, o jardineiro o viu. O Mulá imediatamente subiu numa árvore.

"O que está fazendo aqui?", perguntou o jardineiro.

"Cantando. Sou um rouxinol."

"Certo, rouxinol, deixe-me ouvir seu canto."

Nasrudin gorjeou algumas notas desafinadas, tão diferente de um pássaro que o jardineiro gargalhou.

"Nunca ouvi esse tipo de rouxinol", comentou.

"Você evidentemente nunca viajou", contestou o Mulá. "Eu escolhi a canção de um rouxinol raro e exótico."

PÉ QUEIMADO

Um analfabeto foi até Nasrudin e lhe pediu que escrevesse uma carta.

"Não posso", respondeu o Mulá, "pois queimei meu pé."

"O que isso tem a ver com escrever uma carta?"

"Como ninguém consegue ler minha letra, sou obrigado a viajar até o lugar para interpretar a carta que escrevi. E meu pé está dolorido; assim, não há sentido em escrever a carta, não é mesmo?"

LUAS VELHAS

"O que fazem com a lua velha quando há uma lua nova?", um brincalhão perguntou a Nasrudin.

"Eles a picotam. Cada lua velha dá origem a quarenta estrelas."

A LEI AO PÉ DA LETRA

Nasrudin encontrou na rua um anel valioso. Ele queria ficar com o anel, mas, de acordo com a lei, aquele que encontra um objeto tem de ir até a praça do mercado e anunciar o fato três vezes em voz alta.

Às três da manhã o Mulá foi até a praça e gritou três vezes: "Encontrei um anel assim-assado".

Ao terceiro grito, as pessoas começaram a aparecer nas ruas. "Do que se trata, Mulá?", perguntaram.

"A lei determina uma tripla repetição", respondeu Nasrudin, "e, pelo que sei, talvez eu a infrinja se disser a mesma coisa uma quarta vez. Mas eu lhes direi outra coisa: sou o proprietário de um anel de diamantes, sim, senhores."

O GATO ESTÁ MOLHADO

Nasrudin arranjou um emprego como vigia. Um dia, o patrão o chamou e perguntou se estava chovendo. "Tenho que visitar o sultão, mas a tintura do meu manto favorito não está fixada. Se estiver chovendo, ele ficará arruinado."

Acontece que Nasrudin era muito preguiçoso; e, além disso, orgulhava-se de ser um mestre da dedução. Um gato tinha acabado de entrar como um raio, completamente ensopado.

"Patrão", disse ele, "está chovendo muito."

O patrão levou algum tempo para se arrumar com outra indumentária; saiu e descobriu que não estava chovendo. O gato estava encharcado porque alguém jogara água nele para espantá-lo.

Nasrudin foi demitido.

DORMIR É UMA ATIVIDADE

Nasrudin queria roubar frutas de uma barraca, mas o dono mantinha uma raposa como vigia.

Ele ouviu o homem dizer para a raposa: "As raposas são mais espertas que os cães, e eu quero que você tome conta da barraca com astúcia. Sempre há ladrões rondando. Quando vir alguém fazendo alguma coisa, pergunte-se por que ele está fazendo isso e se pode estar relacionado à segurança da barraca".

Quando o homem foi embora, a raposa ficou diante da barraca e olhou para Nasrudin espreitando num gramado em frente. Imediatamente, Nasrudin se deitou e fechou os olhos. A raposa pensou: "Dormir não é *fazer* alguma coisa".

À medida que observava Nasrudin, a raposa também começou a se sentir cansada. Ela se deitou e adormeceu.

Então, Nasrudin passou sorrateiramente por ela e roubou algumas frutas.

A CRIANÇA É PAI DO HOMEM

Nasrudin chegou a uma corrida de cavalos, aberta a todos que quisessem participar, montado no mais lento dos bois. Todo mundo gargalhou; um boi não consegue correr.

"Mas eu o vi, quando era apenas um novilho, correr mais rápido que um cavalo", protestou Nasrudin. "Por que não correria mais rápido agora que está maior?"

QUALQUER AJUDA É BEM-VINDA

Nasrudin carregou o asno com lenha e, em vez de se sentar na sela, montou sobre uma das toras.

"Por que não se senta na sela?", alguém perguntou.

"O quê? E somar meu peso ao que o pobre animal tem de carregar? Meu peso está na *madeira*, e vai permanecer aí."

PROFUNDEZAS OCULTAS

Um dia, o Mulá estava no mercado e viu pássaros à venda por quinhentos réis cada. "Meu pássaro, que é maior que qualquer um desses, vale muito mais", pensou.

No dia seguinte, levou sua ave de estimação ao mercado. Ninguém lhe oferecia mais de cinquenta réis por ela. O Mulá começou a esbravejar:

"Ó povo! Isso é uma desgraça! Ontem vocês vendiam pássaros com a metade desse tamanho por dez vezes mais".

Alguém o interrompeu. "Nasrudin, aqueles eram papagaios, pássaros falantes. Eles valem mais porque falam."

"Tolo!", exclamou Nasrudin. "Você valoriza aqueles pássaros só porque sabem falar. Esse aqui, que tem pensamentos maravilhosos e nem por isso incomoda as pessoas tagarelando, você rejeita."

AO CONTRÁRIO

Nasrudin foi visitado por alguns estudantes que lhe perguntaram se poderiam ouvir suas lições. Ele concordou e todos saíram em direção ao anfiteatro, andando atrás do Mulá, que montou no burro com o rosto virado para o rabo do animal.

As pessoas começaram a encarar. Acharam que o Mulá só podia ser um tolo, e os estudantes que o seguiam, mais tolos ainda. Quem, afinal de contas, segue um homem que monta ao contrário num burro?

Depois de um tempo, os estudantes começaram a ficar inquietos e perguntaram ao Mulá: "Ó Mulá! As pessoas estão olhando para nós. Por que está montado dessa maneira?".

Nasrudin franziu o cenho. "Vocês estão refletindo mais sobre o que as pessoas pensam do que sobre o que estamos fazendo", respondeu. "Vou lhes explicar. Se vocês caminhassem na minha frente estariam me desrespeitando, porque dariam as costas para mim. Se eu andasse atrás de vocês aconteceria o mesmo. Se eu fosse à frente, dando as costas para vocês, isso mostraria desrespeito por vocês. Essa é a única maneira de fazê-lo."

PRINCÍPIOS DO SALVAMENTO DE VIDAS

Nasrudin não tinha certeza com qual dentre duas mulheres ele se casaria. Um dia, as duas o encurralaram e perguntaram qual delas ele amava mais.

"Situem a questão num contexto prático e tentarei responder", ele disse.

"Se ambas caíssemos no rio, qual das duas você salvaria?", indagou a menor e mais bonita.

O Mulá se voltou para a outra, uma moça grandalhona, mas endinheirada, e perguntou: "Você sabe nadar, minha querida?".

IMPRÓPRIO

"Pegue esse saco e leve-o para minha casa", ordenou Nasrudin a um carregador no mercado.

"Sou seu criado, Effendi. Onde fica sua casa?"

O Mulá olhou horrorizado para o homem. "Você é um arruaceiro mal-afamado e, provavelmente, um ladrão. Acha mesmo que eu lhe diria onde fica minha casa?"

ESPREITANDO A SI MESMO

A noite ia alta quando Bedar, o Vigia, flagrou Nasrudin forçando a janela do próprio quarto pelo lado de fora.

"O que está fazendo, Nasrudin? Ficou trancado para fora?"

"Silêncio! Dizem que ando enquanto durmo. Estou tentando me pegar de surpresa e descobrir."

A NECESSIDADE DELE ERA MAIOR DO QUE A MINHA

Certo dia, o Mulá trouxe para casa uma barra de sabão e pediu à esposa que lavasse sua camisa.

Assim que ela começou a ensaboá-la, um enorme corvo deu um rasante, agarrou o sabão e voou para longe, pousando no galho de uma árvore.

Ela soltou um grito furioso.

O Mulá saiu da casa correndo. "O que aconteceu, minha querida?"

"Estava prestes a lavar sua camisa quando aquele corvo enorme mergulhou e roubou o sabão!"

O Mulá ficou completamente impassível. "Olhe para a cor da minha camisa e olhe para o traje do corvo. A necessidade dele era, sem dúvida, maior do que a minha. Que bom que ele foi capaz de obter sabão, mesmo que às minhas custas."

APANHADO

O rei enviou uma missão secreta pelo interior com o propósito de encontrar um homem modesto que pudesse ser nomeado juiz. Nasrudin se inteirou do fato.

Quando a delegação, fazendo-se passar por um grupo de viajantes, visitou Nasrudin, os integrantes perceberam que ele usava uma rede de pesca estendida sobre os ombros.

"Por que está vestindo essa rede?", um deles perguntou.

"Apenas para me lembrar da minha origem humilde, pois já fui pescador."

Nasrudin foi nomeado juiz com base nesse sentimento nobre.

Um dia, visitando o tribunal, um dos oficiais que o havia visto naquela ocasião perguntou: "O que aconteceu com sua rede, Nasrudin?".

"Certamente, uma rede não é mais necessária", respondeu o mulá juiz, "uma vez que o peixe já foi apanhado."

GRAÇAS A...

Nasrudin viu, na penumbra, um vulto branco no jardim, e pediu à esposa que lhe passasse o arco e as flechas. Ele acertou o objeto e foi lá fora ver o que era. Voltou quase entrando em colapso.

"Foi por um triz. Imagine só: se eu estivesse naquela minha camisa pendurada ali para secar, eu teria morrido. Ela foi atingida bem no coração."

PUXOU AO PAI

Alguns dos rebentos do Mulá estavam brincando ao redor da casa e alguém perguntou ao pequeno: “O que é uma berinjela?”. Seu primogênito imediatamente respondeu: “Um bezerro cor de malva que ainda não abriu os olhos”.

Exultante de satisfação, o Mulá ergueu o menino nos braços e beijou-lhe a cabeça e os pés.

“Escutou só? Igualzinho ao pai! E eu nunca lhe disse nada; ele mesmo inventou!”

ACENDA A VELA

Nasrudin estava sentado conversando com um amigo ao cair da noite.

"Acenda uma vela", o homem falou, "está escuro agora. Tem uma bem do seu lado esquerdo."

"Como posso distinguir direita e esquerda no escuro, seu tolo?", perguntou o Mulá.

APRENDENDO DA MANEIRA MAIS DIFÍCIL

Se você disser algo para alguém usando palavras demais, é provável que elas resvalem e não sejam absorvidas. Métodos práticos são cruciais.

Nasrudin estava trabalhando no telhado de casa quando um faquir o chamou lá de baixo. Quando o Mulá desceu até ele, o homem pediu: "Dê-me uma esmola".

"Por que não gritou logo?", perguntou o Mulá.

"Tive vergonha", respondeu o homem.

"Não tenha falso orgulho", disse Nasrudin, "venha até o telhado."

Assim que chegaram ao topo da casa, e Nasrudin já tinha recomeçado a trabalhar, ele respondeu ao homem: "Não, não tenho nenhuma esmola para lhe dar".

ALGUMA COISA CAIU

Ao ouvir um baque tremendo, a esposa de Nasrudin correu para o quarto.

"Não há nada com que se preocupar", disse o Mulá, "foi apenas meu manto que caiu no chão."

"O quê? E fez um barulhão desses?"

"Sim, naquele momento, eu estava dentro dele."

O ÚLTIMO DIA

Os vizinhos de Nasrudin cobiçavam seu cordeiro cevado e frequentemente tentavam persuadi-lo a matar o animal para um banquete. Planos e mais planos falharam, até que um dia convenceram Nasrudin de que o mundo acabaria em vinte e quatro horas. "Nesse caso", concordou o Mulá, "podemos muito bem comer o cordeiro."

Então, fizeram um banquete.

Quando terminaram de comer, tiraram os casacos e se deitaram para dormir. Depois de muitas horas, os convidados acordaram e descobriram que Nasrudin havia empilhado todas as roupas numa fogueira e ateado fogo.

Eles uivaram de raiva, mas Nasrudin ficou calmo: "Meus irmãos, amanhã é o fim do mundo, lembram-se? Que necessidade vocês terão das suas roupas?"

ACEITO AS NOVE

Num sonho, Nasrudin se viu recebendo moedas. Quando tinha nove moedas de prata na mão, o doador invisível parou de doá-las.

"Tenho de ter dez!", Nasrudin gritou tão alto que acordou.

Reparando que todo o dinheiro havia desaparecido, ele fechou os olhos novamente e murmurou: "Tudo bem, então; devolva as moedas, aceito as nove".

ELE SABE A RESPOSTA

O touro de um turcomano arrombou a cerca de Nasrudin e correu de volta para o dono. Nasrudin seguiu o animal e começou a chicoteá-lo.

"Como ousa açoitar meu touro?", urrou o selvagem turcomano.

"Não se meta nisso, você", disse Nasrudin, "*ele* sabe o porquê. O assunto é entre nós dois."

QUAL DEVE SER A APARÊNCIA DE UM PÁSSARO

Um dia, Nasrudin encontrou um falcão exausto pousado no parapeito da janela.

Ele nunca tinha visto um pássaro desses.

"Pobrezinho", pensou, "como pôde chegar a esse estado?"

Ele cortou as garras do falcão e o bico até que ficasse reto, e aparou-lhe as penas.

"Agora você se parece mais com um pássaro", disse Nasrudin.

O VÉU

Era o dia das bodas do Mulá. O casamento fora arranjado e ele nunca tinha visto o rosto da noiva. Depois da cerimônia, quando ela removeu o véu, ele se deu conta de que ela era terrivelmente feia.

Enquanto ainda estava atordoado com o choque, ela lhe perguntou: “Agora, meu amor, dê-me suas ordens. Na frente de quem devo permanecer coberta e para quem terei permissão de mostrar meu rosto?”.

“Mostre seu rosto para quem quiser”, gemeu o Mulá, “desde que não o mostre para mim.”

SUA POBRE E VELHA MÃE

A esposa de Nasrudin, zangada com o Mulá por algum motivo, trouxe a sopa fervendo para a mesa, esperando que o marido queimasse a boca ao prová-la. Assim que colocou a sopa na mesa, esqueceu-se e deu um gole sem esfriá-la. Seus olhos se encheram de lágrimas, mas ela ainda tinha esperanças de que o Mulá tomaria um pouco da sopa escaldante.

"Por que está chorando?", ele perguntou.

"Minha pobre e velha mãe, pouco antes de morrer, tomou uma sopa como esta. A lembrança me fez chorar."

Nasrudin voltou para a sua sopa e deu um grande gole. As lágrimas logo começaram a correr pelas bochechas.

"Ora, Nasrudin, com certeza você não está chorando?"

"Estou, sim", respondeu o Mulá, "choro ao pensar que sua pobre e velha mãe morreu e deixou você viva."

EU A CONHEÇO MELHOR

As pessoas correram para contar ao Mulá que a sogra dele caíra no rio. "Ela será arrastada para o mar, pois a corrente é muito rápida aqui!", gritaram.

Sem hesitar um momento sequer, Nasrudin pulou no rio e começou a nadar contra a correnteza.

"Não!", gritaram. "*Rio abaixo*! Esse é o único jeito que uma pessoa pode ser levada daqui."

"Escutem!", exclamou o Mulá, ofegante. "Conheço a mãe da minha esposa. Se todas as outras pessoas são arrastadas rio abaixo, o lugar para procurar por *ela* é rio acima."

O SEGREDO

Um aspirante a discípulo aborreceu Nasrudin, fazendo uma pergunta atrás da outra. O Mulá respondeu a todas e se deu conta de que o homem não estava completamente satisfeito, embora estivesse, de fato, fazendo progresso.

Finalmente, o homem disse: "Mestre, preciso de uma orientação mais específica".

"Qual é o problema?"

"Devo continuar a fazer o que faço; e, embora eu esteja progredindo, quero ir mais rápido. Por favor, conte-me um segredo, como soube que você faz com os outros."

"Vou lhe contar quando você estiver pronto."

Mais tarde, o homem voltou ao mesmo tema.

"Muito bem. Você sabe que o seu dever é seguir meu exemplo?"

"Sim."

"Pode guardar um segredo?"

"Jamais contaria a ninguém."

"Então, observe que eu posso guardar um segredo tão bem quanto você."

NÃO PERTURBE OS CAMELOS

Nasrudin perambulava por um cemitério, quando tropeçou e caiu num túmulo velho. Começando a imaginar como seria se estivesse morto, ouviu um barulho. No mesmo instante, passou-lhe pela cabeça que o Anjo do Juízo Final estava vindo para buscá-lo – embora se tratasse apenas de uma caravana de camelos passando por ali.

O Mulá deu um salto e caiu por cima de uma mureta, espantando vários camelos. Os cameleiros lhe deram pauladas.

Ele correu para casa abalado. Sua esposa lhe perguntou qual era o problema e por que estava atrasado.

"Estive morto", respondeu o Mulá. Interessada, apesar de tudo, ela perguntou a Nasrudin como era.

"Não é nada mal, a menos que você perturbe os camelos. Aí você apanha."

A FELICIDADE NÃO ESTÁ ONDE VOCÊ A PROCURA

Nasrudin viu um homem desconsolado sentado à beira da estrada e perguntou o que o afligia.

"Não há nada de interessante na vida, irmão", respondeu o homem. "Tenho capital suficiente para não precisar trabalhar e estou nessa viagem apenas para buscar algo mais interessante que a vida que levo em casa. Até agora, não encontrei."

Sem dizer uma palavra, Nasrudin agarrou a bolsa do viajante e disparou com ela pela estrada, correndo feito uma lebre. Como conhecia a região, pôde tomar uma boa distância.

A estrada ficou tortuosa e Nasrudin cortou caminho, atravessando várias curvas, até voltar à estrada muito à frente do homem que havia roubado. Ele colocou a bolsa na beira da estrada e esperou escondido até que o outro o alcançasse.

Logo, o desventurado viajante apareceu, seguindo pela estrada tortuosa, mais infeliz do que nunca por causa da perda. Assim que viu seus pertences, correu até eles gritando de alegria.

"Essa é uma maneira de produzir felicidade", disse Nasrudin.

CEDO PARA LEVANTAR

"Nasrudin, meu filho, acorde cedo todas as manhãs."

"Por que, pai?"

"É um bom hábito. Uma vez, levantei-me ao amanhecer, saí para caminhar e encontrei na estrada um saco de ouro."

"Como você sabe que não foi perdido na noite anterior?"

"Esse não é o ponto. Em todo caso, o saco não estava lá na noite anterior. Eu reparei nisso."

"Então, acordar cedo não traz sorte para todo mundo. O homem que perdeu o ouro deve ter acordado mais cedo do que você."

A MAJESTADE DO MAR

As ondas se lançavam majestosamente contra as rochas, uma crista de espuma branca sobre a curvatura azul-escuro. Tendo essa visão pela primeira vez, Nasrudin foi momentaneamente tomado pela emoção.

Então, aproximou-se, pegou um pouco de água nas mãos em concha e a provou.

"Ora", disse o Mulá, "e pensar que algo com tais pretensões não serve para beber."

OCASIÃO

"O que é destino?", um erudito perguntou a Nasrudin.

"Uma sucessão infinita de eventos entrelaçados, um influenciando o outro."

"Essa resposta é pouco satisfatória. Acredito em causa e efeito."

"Muito bem", disse o Mulá, "veja aquilo." Ele apontou para um cortejo passando na rua. "Aquele homem está sendo levado para a forca. Será que é porque alguém lhe deu uma moeda de prata, capacitando-o a comprar a faca com que cometeu o assassinato; ou porque alguém testemunhou sua ação; ou porque ninguém o deteve?"

DIVISÃO DE TAREFAS

Um barco, do qual o Mulá era o único passageiro, foi atingido por um tufão. O capitão e a tripulação, tendo feito todo o possível para salvar o barco, ajoelharam-se e começaram a rezar.

O Mulá permaneceu calmamente de pé.

O capitão abriu os olhos, viu o Mulá parado ali, levantou-se de um salto e gritou: "Ajoelhe-se! Você, um homem devoto, deveria estar rezando conosco!".

Nasrudin não se moveu. "Sou apenas um passageiro. Tudo o que se refere à segurança desse barco é responsabilidade sua, não minha."

CAUTELA NUNCA É DEMAIS

A esposa do Mulá tinha uma amiga e costumava lhe dar a comida que Nasrudin trazia para o jantar. Um dia ele perguntou: "Como é que eu sempre trago comiga para casa, mas nunca a vejo?".

"O gato rouba."

Nasrudin correu para pegar seu machado e foi trancá-lo numa caixa.

"Por que está fazendo isso?", perguntou sua esposa.

"Estou escondendo o machado", respondeu o Mulá, "porque se o gato é capaz de roubar um pedaço de carne que vale centavos, é pouco provável que ignore um machado que vale dez vezes mais."

EU SÓ PRECISAVA DE TEMPO

O Mulá comprou um burro. Alguém lhe disse que deveria dar ao animal uma certa quantidade de comida todos os dias. Ele achou que era muito. Decidiu que tentaria acostumá-lo com menos. Assim, a cada dia, reduzia-lhe a ração.

Finalmente, quando ficou reduzido a quase comida nenhuma, o burro tombou e morreu.

"Que pena", lamentou o Mulá. "Se eu tivesse tido um pouco mais de tempo antes dele morrer, poderia tê-lo acostumado a viver com absolutamente nada."

CORTE O CONSUMO DE ARREIOS

Nasrudin foi visitar um amigo doente bem a tempo de ver o médico chegar. O homem ficou na casa menos de um minuto e a velocidade do diagnóstico espantou o Mulá.

Primeiro, o médico olhou a língua do paciente, depois, fez uma breve pausa. Então, disse: "Você tem comido maçãs verdes. Pare com isso. Estará bem em poucos dias".

Esquecendo-se de tudo mais, o Mulá foi correndo até lá fora atrás do médico. "Diga-me, doutor", arquejou, "por favor, diga-me como faz isso."

"É muito simples, quando se tem a experiência necessária para distinguir diversas situações", respondeu o médico. "Veja, assim que soube que o homem tinha uma dor de estômago, procurei uma causa. Quando entrei no quarto do doente, vi um monte de sementes de maçã verde sob sua cama. O resto era óbvio."

Nasrudin agradeceu pela lição.

De outra vez que foi visitar um amigo, a esposa do homem atendeu a porta. "Mulá", disse ela, "não precisamos de um filósofo, mas de um médico. Meu marido está com dor de estômago."

"Não pense que o filósofo não pode ser um médico, senhora", replicou Nasrudin, forçando a entrada no quarto do paciente.

O doente estava gemendo numa cama. Nasrudin foi direto até lá, olhou embaixo da cama e chamou a mulher no quarto.

"Nada sério", declarou, "ele ficará bem em poucos dias. Mas a senhora tem de fazer com que ele reduza esse hábito de comer selas e rédeas."

NA CORTE

Um dia, Nasrudin apareceu na corte usando um magnífico turbante.

Ele sabia que o rei o admiraria e, consequentemente, talvez conseguisse vendê-lo para ele.

"Quanto pagou por esse maravilhoso turbante, Mulá?", perguntou o rei.

"Mil peças de ouro, Majestade."

Um vizir que percebeu o que o Mulá estava tentando fazer, sussurrou para o rei: "Somente um tolo pagaria tanto por um turbante".

O rei perguntou: "Por que pagou essa quantia? Nunca ouvi falar de um turbante que custasse mil moedas de ouro".

"Ah, Vossa Majestade, paguei porque sabia que no mundo inteiro só havia um rei que compraria tal coisa."

O rei ordenou que fosse dado a Nasrudin duas mil peças de ouro e ficou com o turbante, satisfeito com o elogio.

"Você pode conhecer o valor dos turbantes", disse o Mulá ao vizir, "mas eu conheço as fraquezas dos reis."

INSTÂNCIAS TEÓRICAS

"Para onde vai, Mulá?"

"Vou até a cidade."

"Então, é melhor deixar seu burro aqui, pois há ladrões na estrada e alguém poderia roubá-lo."

Nasrudin achou que seria mais seguro montar no burro do que deixá-lo no estábulo em casa, onde também poderia ser roubado.

Seu amigo, então, lhe emprestou uma espada para que pudesse se defender.

Em um trecho deserto da estrada, ele viu um homem andando em sua direção.

"Deve ser um bandido", pensou Nasrudin. "Vou me antecipar a ele."

O viajante inocente tomou um susto quando, assim que estavam ao alcance da voz, o Mulá gritou: "Aqui está uma espada, pode ficar com ela. Agora me deixe ficar com meu burro". O viajante concordou e pegou a espada, encantado com a própria sorte.

Quando voltou para casa, o Mulá disse ao amigo: "Você tinha toda a razão, sabe, espadas são coisas muito úteis. A sua me poupou o burro".

O RITMO DA VIDA

"Por que não podemos ir mais rápido?", o patrão de Nasrudin lhe perguntou um dia. "Toda vez que lhe peço para fazer algo, você faz por partes. Realmente, não há necessidade alguma de ir ao mercado três vezes para comprar três ovos."

Nasrudin prometeu se corrigir.

O patrão ficou doente. "Chame o médico, Nasrudin."

O Mulá saiu e voltou com uma horda de pessoas. "Aqui está o médico, patrão. E eu trouxe também os outros."

"Quem são os outros?"

"Se o médico pedir um cataplasma, eu trouxe o homem que os prepara, o assistente dele e os homens que fornecem os ingredientes, caso precisemos de muitos cataplasmas. O carvoeiro está aqui para ver quanto carvão será necessário para aquecer a água para fazer os cataplasmas. Está aqui também o papa-defunto, caso o senhor não sobreviva."

A AMOSTRA

Um dia, sentado na casa de chá, Nasrudin ficou impressionado com a retórica de um erudito viajado. Quando questionado por um dos companheiros sobre determinado ponto, o sábio sacou um livro do bolso e o atirou sobre a mesa: "Esse é meu testemunho! E eu mesmo o escrevi".

Um homem que sabia não apenas ler, mas também escrever, era uma raridade. E um homem que havia escrito um livro! Os aldeões trataram o intelectual com profundo respeito.

Alguns dias depois, Mulá Nasrudin apareceu na casa de chá e perguntou se alguém queria comprar uma casa.

"Diga-nos algo sobre a casa, Mulá", pediram, "pois nem mesmo sabíamos que você tinha uma casa própria."

"As ações falam mais alto que as palavras!", gritou Nasrudin.

Ele tirou um tijolo do bolso e o atirou sobre a mesa à sua frente.

"Esse é meu testemunho. Vejam que qualidade! *E* eu mesmo construí a casa."

A CORRESPONDÊNCIA DOS OUTROS

Nasrudin não sabia escrever muito bem. Sua habilidade para ler era ainda pior. Mas era mais letrado do que os outros aldeões, e um dia concordou em redigir uma carta de um caipira para o irmão.

"Agora releia para mim", pediu o homem, "pois quero ter certeza de que não está faltando nada."

O Mulá olhou fixamente para os garranchos. Constatando que não conseguiria ir além de "Meu querido irmão", disse:

"Não consigo decifrá-la. Não tenho certeza se as próximas palavras são 'saber' ou 'fazer', e 'antes' ou 'coração'".

"Mas isso é péssimo. Quem vai ler a carta se *você* não consegue?"

"Meu bom homem", respondeu Nasrudin, "isso não é problema *meu*. Meu trabalho é escrever a carta, não lê-la."

"Além disso", concordou o aldeão, completamente convencido, "não está endereçada a você, está?"

POR QUE NÃO ME CONTOU ANTES?

Nasrudin e um discípulo estavam na estrada. Toda vez que chegavam a uma casa grande, apresentavam-se à porta, à maneira dos dervixes viajantes. Recebiam comida, e água também.

Nasrudin costumava comer tanto quanto podia e depois se deitar para dormir. O discípulo comia um pouco, depois se sacudia e, então, comia mais.

Passado alguns dias, o Mulá perguntou ao discípulo por que se alimentava de modo tão estranho.

"Bem, mestre, eu percebo que se como um pouco, em seguida bebo um pouco de água e depois assento tudo me sacudindo, consigo comer mais."

Nasrudin tirou a sandália e deu umas palmadas no jovem:

"Como ousa esconder de mim um segredo tão valioso? Ó, e pensar na quantidade de comida que desperdicei por não ser capaz de comê-la! Eu sabia que o limite da ingestão de alimento deveria estar muito além do que eu conseguia atingir. O limite da saciedade é, afinal de contas, estourar".

OFERTA E DEMANDA

Sua Majestade Imperial, o Shahinshah, chegou inesperadamente à casa de chá da qual Nasrudin ficara encarregado.

O imperador pediu um omelete.

"Agora devemos prosseguir com a caçada", disse para o Mulá. "Então, quanto lhe devo?"

"Para o senhor e seus cinco companheiros, os omeletes custam mil moedas de ouro."

O imperador ergueu as sobrancelhas.

"Os ovos devem ser muito caros por aqui. São tão raros assim?"

"Não são os ovos que são raros por aqui, Majestade... Raras são as visitas de reis."

O VALOR DO PASSADO

Nasrudin foi enviado pelo rei para investigar o saber de diversos tipos de mestres místicos orientais. Todos lhe contaram histórias de milagres e os ditos do fundador e dos grandes mestres de sua escola, todos mortos há muito tempo.

Ao retornar, ele apresentou o relatório, que continha uma única palavra: "Cenouras".

Nasrudin foi intimado a se explicar. Ele contou ao rei: "A melhor parte está enterrada. Poucos sabem – à exceção do fazendeiro –, pelo verde, que há o laranja sob o solo. Se não cultivá-la, vai se deteriorar; há um monte de asnos associados a ela".

APRUMO

Nasrudin e um amigo foram a um restaurante e decidiram, por economia, dividir um prato de berinjelas.

Eles discutiram fervorosamente se as berinjelas deveriam ser recheadas ou fritas.

Cansado e faminto, Nasrudin se deu por vencido e foram pedidas berinjelas recheadas.

De repente, enquanto esperavam, o companheiro de Nasrudin teve um colapso, e parecia muito mal. Nasrudin pulou da cadeira.

"Vai buscar um médico?", perguntou alguém na mesa ao lado.

"Não, seu tolo!", exclamou Nasrudin. "Vou ver se é tarde demais para mudar o pedido."

TIPOS DE DIA

Um homem parou Nasrudin e lhe perguntou qual era o dia da semana.

"Não saberia lhe dizer", respondeu o Mulá. "Sou um estrangeiro por essas bandas. Não sei quais dias da semana eles têm por aqui."

SOZINHO NO DESERTO

Nasrudin vagava por uma trilha no deserto quando encontrou três árabes furiosos.

Eles estavam discutindo.

"Há três possíveis explicações para o surgimento dos minaretes", disseram. "Acabamos de ouvir falar delas e estamos argumentando sobre qual é a correta."

Nasrudin não sabia ao certo. "Contem-me suas teorias e as avaliarei."

"Eles caíram do céu", afirmou o primeiro.

"Eles foram construídos num poço e depois içados", disse o segundo.

"Eles cresceram como cactos", declarou o terceiro.

E cada homem puxou uma faca para reforçar a sua própria versão.

Nasrudin falou: "Vocês todos estão errados. Os minaretes foram construídos por gigantes de épocas remotas, que tinham maior alcance do que nós".

DONZELA EM APUROS

Numa noite de verão, Nasrudin passeava ao lado de um jardim murado quando resolveu investigar que delícias haveria ali. Ele escalou o muro e viu uma linda donzela nos braços de um monstro medonho, uma aparição deformada – como lhe pareceu.

Sem hesitar um segundo, o cavalheiresco Nasrudin saltou para dentro do jardim e pôs a besta para correr com uma série de golpes e maldições.

Quando se virou para receber os agradecimentos da donzela, ela o acertou no olho. Dois truculentos criados agarraram o Mulá, atiraram-no de volta à rua e o espancaram.

Deitado ali, meio inconsciente, Nasrudin escutou a mulher chamando histericamente pelo amante, que ele tinha afugentado.

"Gosto não se discute", pensou Nasrudin. Depois desse episódio, ele passou a mancar e a usar um tapa-olho; mas, em suas caminhadas, não foi convidado por nenhuma donzela para adentrar em seu jardim.

INJUSTO

Nasrudin visitou a cidade de Kônia pela primeira vez. Ficou imediatamente impressionado com a quantidade de docerias. Seu apetite se aguçou. Ele entrou numa dessas lojas e começou a devorar uma torta.

Certo de que não receberia nada daquela figura esfarrapada, o proprietário correu até Nasrudin e o esbofeteou.

"Que tipo de cidade é essa", perguntou o Mulá, "um lugar onde batem num homem assim que começa a comer?"

O QUE SE PASSOU ANTES...

Num beco escuro, um ágil batedor de carteiras tentou roubar Nasrudin. O Mulá foi rápido demais para ele, e houve um embate violento. Por fim, Nasrudin derrubou o homem no chão.

Nesse momento, uma mulher caridosa que passava por ali gritou:

"Seu bruto! Deixe esse rapazinho se levantar e lhe dê uma chance".

"Madame", disse Nasrudin, ofegante, "a senhora ignora o trabalho que tive para derrubá-lo."

TUDO DE QUE SE PRECISA

"Vou enforcá-lo", ameaçou um rei ignorante e cruel que tinha ouvido falar dos poderes de Nasrudin, "se você não provar que é um místico."

"Vejo coisas estranhas", disse imediatamente Nasrudin, "um pássaro dourado no céu, demônios sob a terra."

"Como pode ver através de objetos sólidos? Como pode ver tão longe no céu?"

"Medo é tudo de que se precisa", respondeu Nasrudin.

POR QUE ESTAMOS ESPERANDO?

Três mil epicuristas célebres foram convidados para um banquete no palácio do califa, em Bagdá. Nasrudin, por algum engano, estava entre eles.

Esse era um evento anual e, a cada ano, o prato principal superava o do banquete anterior, pois a reputação de magnificência do califa tinha de ser mantida e superada.

Mas Nasrudin estava ali apenas pela comida.

Depois de uma longa espera – cerimônias preparatórias, canto e dança –, uma grande quantidade de travessas de prata foi trazida. Em cada uma, colocada entre cinco convidados, havia um pavão inteiro assado, decorado com bico e asas artificiais comestíveis, e com a plumagem reluzente de pedras preciosas açucaradas.

Houve um suspiro de prazer entre os *gourmets* na mesa de Nasrudin, quando deitaram os olhos sobre aquela suprema e criativa obra de arte.

Ninguém parecia fazer qualquer movimento em direção à comida.

O Mulá estava faminto. De repente, ele deu um salto e berrou:

“Tudo bem! Eu admito que tem uma aparência estranha. Mas provavelmente é comida. Vamos comê-la antes que ela nos coma!”.

A ENCHENTE

"O rei foi benevolente comigo", um homem contava a Nasrudin. "Plantei trigo e as chuvas vieram. Ele soube dos meus problemas e me compensou pelos danos causados pela enchente."

O Mulá pensou por um momento.

"Diga-me", perguntou, "como se *causa* uma enchente?"

O AGOURO

O rei estava de mau humor. Ao deixar o palácio para ir caçar, avistou Nasrudin.

"Dá azar ver um mulá quando se está a caminho de uma caçada!", gritou para os guardas. "Não deixem que ele me olhe; açoitem-no para fora do caminho!"

Eles assim fizeram.

Acontece que a caçada foi bem sucedida.

O rei mandou chamar Nasrudin.

"Desculpe, Mulá. Pensei que você fosse um mau agouro. Você não era, como ficou evidente."

"VOCÊ pensou que *eu* fosse um mau agouro?", exclamou Nasrudin. "VOCÊ olha para *mim* e recebe uma bolsa de caça cheia. *Eu* olho para VOCÊ e recebo uma chicotada. Quem é um mau agouro para quem?"

NABOS SÃO MAIS DUROS

Um dia, o Mulá resolveu levar para o rei alguns dos excelentes nabos que havia cultivado.

No caminho, encontrou um amigo que o aconselhou a dar de presente algo mais refinado, como figos ou azeitonas.

Ele comprou alguns figos, e o rei, que estava de bom humor, aceitou-os e o recompensou.

Na semana seguinte, comprou algumas laranjas enormes e as levou para o palácio. Mas o rei estava de mau humor e atirou as laranjas em Nasrudin, machucando-o.

Quando se recuperou, o Mulá compreendeu a verdade. "Agora entendo", disse, "as pessoas levam coisas menores e mais leves, porque não machucam tanto quando se é alvejado. Se fossem aqueles nabos, eu teria morrido."

COMO NASRUDIN SOLTOU O VERBO

"Um dia, um maravilhoso cavalo foi trazido à presença do príncipe em cuja corte eu me encontrava", contou Nasrudin. "Ninguém conseguia montá-lo porque era um corcel muito arisco. De repente, no calor do meu orgulho e bravura, gritei:

'Nenhum de vocês ousa montar esse esplêndido cavalo; nenhum de vocês! Nenhum de vocês consegue se manter no seu lombo!'. E me lancei."

Alguém perguntou: "O que aconteceu?".

"Também não consegui montá-lo", respondeu o Mulá.

EM PLENA VIDA

Na época em que os tártaros conquistaram a Ásia Ocidental, Nasrudin pregava sermões numa mesquita. Ele não apoiava Tamerlão.

Tamerlão ouviu dizer que o Mulá era contra ele, e entrou sorrateiramente na mesquita vestido como um dervixe.

"Deus vai derrotar os tártaros", declarou Nasrudin, no fim do sermão.

"Ele não vai atender as suas preces", disse o dervixe, dando um passo à frente.

"E por que não?", perguntou Nasrudin.

"Porque vocês estão sendo punidos pelo que fizeram e pelo que não fizeram. Existe tal coisa como causa e efeito. Como pode alguém ser punido por fazer algo que é em si um castigo?"

Nasrudin começou a se sentir desconfortável, pois os dervixes devem ser levados a sério.

"Quem é você e qual o seu nome?", perguntou Nasrudin, com certa altivez.

"Eu sou um dervixe e meu nome é Timur."

Ao ouvir isso, alguns da congregação se levantaram com arco e flechas nas mãos. Eram membros da horda dos tártaros disfarçados.

Nasrudin compreendeu tudo num vislumbre.

"Por acaso seu nome termina com 'Coxo'?"[2]

"Sim", respondeu o dervixe.

---

2 O nome de Tamerlão em turcomano é Timur-i-Lenk, que significa Timur, O Coxo. (N. do T.)

Nasrudin se virou para a congregação, que estava petrificada de medo, e disse:

"Irmãos, realizamos uma oração da congregação. Agora, daremos início ao serviço funerário da congregação".

Timur, o Coxo, achou tanta graça que dispensou os guerreiros e pediu a Nasrudin que se juntasse à sua corte.

DESPERTO OU ADORMECIDO?

Um dia, Nasrudin notou que uma estrada nova maravilhosa – uma *Shah-Rah* ou "Estrada do Rei" – havia sido construída a certa distância da sua casa. "Isso é algo que tenho de experimentar", pensou.

Ele caminhou pela estrada por um longo tempo até que, finalmente, o sono o venceu. Ao despertar, descobriu que seu turbante tinha desaparecido; alguém o havia roubado.

No dia seguinte, ele voltou à estrada na esperança de encontrar alguma pista do ladrão. Andou por muitos quilômetros no calor do verão e, mais uma vez, parou para dormir um pouco.

Foi despertado pelo estardalhaço de cascos e o tilintar de arreios. Uma patrulha se aproximava: soldados da Guarda Real com ar feroz escoltavam um prisioneiro. Tomado pela curiosidade, Nasrudin os interceptou e perguntou o que estava acontecendo.

"Estamos levando este homem para ser decapitado", respondeu o capitão, "pois é um sentinela desta estrada e o encontramos adormecido."

"Para mim chega", disse Nasrudin. "Podem ficar com a sua estrada. Aquele que nela adormece perde o chapéu ou a cabeça. Quem sabe qual seria a terceira coisa a se perder?"

E essa é a origem do provérbio persa: "Aquele que dorme na estrada perde o chapéu ou a cabeça".

Nesse momento, Nasrudin sentiu que a esposa o sacudia. "Desperte", disse ela.

"É frustrante", gemeu o Mulá, "o que você chama de 'desperto' eu chamo de 'adormecido'."

O ATALHO

Andando para casa numa maravilhosa manhã, Nasrudin achou que seria uma boa ideia pegar um atalho pelo bosque. "Por que", perguntou a si mesmo, "caminhar por uma estrada poeirenta quando posso estar em comunhão com a natureza, escutar os pássaros e olhar as flores? Esse é, realmente, um dia especial; um dia para empreendimentos afortunados!"

Assim dizendo, ele se lançou bosque adentro. Não havia ido muito longe, entretanto, quando caiu num fosso, onde ficou deitado refletindo.

"Não é um dia tão afortunado, afinal", meditou. "Na verdade, ainda bem que peguei esse atalho. Se coisas assim podem acontecer num cenário bonito como esse, o que não teria me acontecido naquela estrada abominável?"

MUDE DE ASSUNTO

Numa tarde opressivamente quente, Nasrudin viu um homem caminhando em sua direção pela estrada poeirenta. Ele carregava um enorme cacho de uvas que pareciam suculentas.

Uma pequena adulação poderia valer uma uva.

"Ó grande *shaykh*, dê-me algumas uvas", pediu Nasrudin.

"Não sou um *shaykh*", respondeu o dervixe, pois era um daqueles viajantes contemplativos que repelem qualquer forma afetada de linguagem.

"Trata-se de um homem de importância ainda maior e eu o desrespeitei", pensou o Mulá. Então, disse em voz alta: "*Walahadrat-a* (Alteza)! Dê-me apenas uma uva!".

"Eu *não* sou uma Alteza!", rosnou o dervixe.

"Bem, não me diga o que você é ou provavelmente descobriremos que essas aí também não são uvas! Vamos mudar de assunto."

A CORDA E O CÉU

Um místico sufi parou Nasrudin na rua. Para testar se o Mulá era sensível ao conhecimento interior, ele fez um sinal, apontando para o céu.

O sufi queria dizer: "Existe apenas uma verdade que tudo abarca".

O companheiro de Nasrudin, um homem comum, pensou: "O sufi está louco. Pergunto-me que precauções Nasrudin vai tomar".

Nasrudin olhou dentro da bolsa, tirou um rolo de corda e o entregou ao companheiro.

"Excelente", pensou o companheiro. "Se ele se tornar violento, nós o amarraremos."

O sufi compreendeu o que Nasrudin queria dizer: "A humanidade tenta encontrar a verdade por métodos tão inadequados quanto tentar subir ao céu com uma corda".

QUEM EU SOU?

Depois de uma longa jornada, Nasrudin se encontrou em meio à multidão em Bagdá. Era o maior lugar que já vira, e as ruas abarrotadas de gente o deixaram confuso.

"Pergunto-me como as pessoas conseguem se orientar, saber quem são, num lugar como esse", refletiu.

Então, pensou: "Devo me lembrar bem de mim, do contrário, posso me perder".

Dirigiu-se apressado para o caravançarai. Um gaiato estava sentado numa cama próxima à dele. Nasrudin pensou em fazer a sesta, mas havia um problema: como encontrar a si mesmo novamente quando acordasse.

Ele se abriu com seu vizinho.

"Simples", disse o brincalhão. "Aqui está uma bexiga inflável. Amarre-a na perna e vá dormir. Quando acordar, procure pelo homem com o balão. Esse homem será você."

"Que ideia excelente!", exclamou Nasrudin.

Algumas horas depois, o Mulá acordou. Procurou pela bexiga e a encontrou amarrada à perna do gaiato. "Sim, aquele sou eu", pensou. Então, num frenesi de medo, começou a espancar o outro homem: "Acorde! Alguma coisa aconteceu, como imaginei! Sua ideia não foi boa!".

O homem acordou e perguntou qual era o problema. Nasrudin apontou para o balão. "Posso distinguir, pela bexiga, que *você* é *eu*. Mas, se *você* é *eu*... quem, pelo amor de Deus, EU SOU?"

EU LHES MOSTRARIA

"Algumas pessoas", disse o Mulá para si mesmo certo dia, "estão mortas quando parecem estar vivas. Outras, por sua vez, estão vivas quando parecem estar mortas. Como podemos distinguir se um homem está morto ou vivo?"

Ele repetiu essa última sentença tão alto que sua esposa ouviu. Ela disse a ele: "Seu tolo! Se as mãos e os pés estão bem frios, pode ter certeza de que o homem está morto".

Não muito tempo depois, Nasrudin cortava madeira na floresta quando percebeu que suas extremidades estavam quase congeladas pelo frio lancinante.

"A morte", pensou, "parece ter se abatido sobre mim. Os mortos não cortam madeira; eles se deitam respeitavelmente, pois não têm necessidade de movimento físico."

Ele se deitou sob uma árvore.

Uma alcateia, encorajada pelos sofrimentos durante aquele inverno rigoroso, e pensando que o homem estava morto, atacou o burro de Nasrudin e o devorou.

"Assim é a vida!", refletiu o Mulá. "Uma coisa está condicionada à outra. Se eu estivesse vivo, vocês não teriam tomado tais liberdades com meu burro."

APENAS UMA COISA ERRADA COM ELA

Um dia, caminhando com um discípulo, o Mulá Nasrudin viu pela primeira vez na vida uma bela paisagem lacustre.

"Que encantador!", exclamou. "Mas se ao menos, se ao menos..."

"Se ao menos o quê, mestre?"

"Se ao menos não tivessem colocado água nela!"

SOPA DE PATO

Um parente veio do interior visitar Nasrudin e trouxe um pato. Nasrudin ficou agradecido, cozinhou a ave e a compartilhou com seu convidado.

Pouco tempo depois, um outro visitante chegou. Ele era amigo, como disse, "do homem que lhe deu o pato". Nasrudin o alimentou também.

Isso aconteceu várias vezes. A casa de Nasrudin havia se transformado num desses restaurantes para visitantes de fora da cidade. Todo mundo era amigo, em algum grau, do doador original do pato.

Finalmente, Nasrudin se exasperou. Um dia, um estranho bateu à porta e se apresentou: "Sou o amigo do amigo do amigo do homem que lhe trouxe o pato do interior".

"Entre", disse Nasrudin.

Eles se sentaram à mesa e Nasrudin pediu à esposa que trouxesse a sopa.

O convidado a experimentou; não parecia ser nada mais do que água quente. "Que espécie de sopa é essa?", perguntou ao Mulá.

"Essa", respondeu Nasrudin, "é a sopa da sopa da sopa do pato."

Título original
The Exploits of the Incomparable Mulla Nasrudin

EDITOR
Laura Di Pietro

CAPA E PROJETO GRÁFICO
Tecnopop

DIAGRAMAÇÃO
Letra e Imagem

REVISÃO
Tami Buzaite

Este livro atende às normas do Novo Acordo Ortográfico em vigor desde janeiro de 2009.

DADOS INTERNACIONAIS DE CATALOGAÇÃO-NA-PUBLICAÇÃO (CIP)

S525f Shah, Idries, 1924-1996
As façanhas do incomparável Mulá Nasrudin / Idries Shah ; tradução de Fernanda Miguens. – 2ª ed. Rio de Janeiro : Tabla, 2016.
128 p. ; 21 cm. – (Coleção filosofia viva)

Tradução de: The exploits of the incomparable Mulla Nasrudin.
ISBN 978-85-92632-06-9

1. Folclore. 2. Nasrudin (Personagem lendário). 3. Sufismo. 4. Contos sufis. I. Título. II. Série.

CDD- 398.22

2016

tel/fax 21 30887238
contato@editoratabla.com.br
www.editoratabla.com.br

Publicado em parceria com The Idries Shah Foundation.

Este livro foi composto nas famílias Sabon e
Avant Garde e impresso em papel Avena 80g/m²
pela Grafitto Gráfica em maio de 2016.